BEI GRIN MACHT SICH IHR WISSEN BEZAHLT

- Wir veröffentlichen Ihre Hausarbeit, Bachelor- und Masterarbeit

- Ihr eigenes eBook und Buch - weltweit in allen wichtigen Shops

- Verdienen Sie an jedem Verkauf

Jetzt bei www.GRIN.com hochladen und kostenlos publizieren

Bibliografische Information der Deutschen Nationalbibliothek:

Die Deutsche Bibliothek verzeichnet diese Publikation in der Deutschen Nationalbibliografie; detaillierte bibliografische Daten sind im Internet über http://dnb.d-nb.de/ abrufbar.

Dieses Werk sowie alle darin enthaltenen einzelnen Beiträge und Abbildungen sind urheberrechtlich geschützt. Jede Verwertung, die nicht ausdrücklich vom Urheberrechtsschutz zugelassen ist, bedarf der vorherigen Zustimmung des Verlages. Das gilt insbesondere für Vervielfältigungen, Bearbeitungen, Übersetzungen, Mikroverfilmungen, Auswertungen durch Datenbanken und für die Einspeicherung und Verarbeitung in elektronische Systeme. Alle Rechte, auch die des auszugsweisen Nachdrucks, der fotomechanischen Wiedergabe (einschließlich Mikrokopie) sowie der Auswertung durch Datenbanken oder ähnliche Einrichtungen, vorbehalten.

Impressum:

Copyright © 2019 GRIN Verlag
Druck und Bindung: Books on Demand GmbH, Norderstedt Germany
ISBN: 9783668956414

Dieses Buch bei GRIN:

https://www.grin.com/document/475163

Sabine Staffeldt

Neukonzeptionierung der betrieblichen Personalpolitik unter Berücksichtigung der Generation 50+ im demographischen Wandel

GRIN Verlag

GRIN - Your knowledge has value

Der GRIN Verlag publiziert seit 1998 wissenschaftliche Arbeiten von Studenten, Hochschullehrern und anderen Akademikern als eBook und gedrucktes Buch. Die Verlagswebsite www.grin.com ist die ideale Plattform zur Veröffentlichung von Hausarbeiten, Abschlussarbeiten, wissenschaftlichen Aufsätzen, Dissertationen und Fachbüchern.

Besuchen Sie uns im Internet:

http://www.grin.com/

http://www.facebook.com/grincom

http://www.twitter.com/grin_com

Generation 50+ im Demographischen Wandel

Neukonzeptionierung der betrieblichen Personalpolitik

Sabine Staffeldt

Inhaltsverzeichnis

1. **Einführung** 2

   1.1 Demographischer Wandel in der Arbeitswelt 3

2. **Fachkräftemangel als Folge des demographischen Faktors** 4

   2.1 Ältere Arbeitnehmer auf dem Arbeitsmarkt 5

   2.2 Analyse der aktuellen Situation auf dem Arbeitsmarkt 7

3. **Neue Konzepte in der betrieblichen Personalpolitik** 8

   3.1 Auswirkung 10

4. **Fazit und Ausblick** 10

5. **Literatur- und Quellenverzeichnis** 11

1. Einführung

In Zeiten des globalen Wettbewerbs sowie des hohen wirtschaftlichen Kosten- und Leistungsdrucks sind die Fachkräfte vieler Unternehmen einer der bedeutendsten Wettbewerbsfaktoren.[1]

Vor dem Hintergrund des demographischen Wandels, aber auch des neuen Selbstbewusstseins der Generation 50+, ergeben sich für die Personalpolitik in den Unternehmen ganz neue Aspekte. War der Arbeitnehmermarkt bis vor einigen Jahren noch dadurch geprägt, dass einem großen Angebot an Arbeitskräften eine eher geringe Nachfrage gegenüberstand, so hat sich dieses Bild in der Zwischenzeit dramatisch geändert. Wollen die Unternehmen wettbewerbsfähig bleiben, müssen sie geeignete Maßnahmen überlegen, um die besten Mitarbeiter rekrutieren und an das Unternehmen binden zu können.

Ziel dieser Arbeit ist es, die Generation 50+ in die betriebliche Personalpolitik konzeptionell einzubinden, damit alle Beschäftigten Zugang zu einer innovationsfördernden Unternehmenskultur mit entsprechenden Anreizen, aber auch mit Freiheiten und Möglichkeiten zur Erhaltung und zum Ausbau ihres Wissens, ihrer Kenntnisse und Fähigkeiten haben.

Somit gliedert sich die vorliegende Arbeit in vier Kapitel, beginnend mit einer kurzen Einführung in das Thema. Neben dem Fachkräftemangel als Folge des demographischen Faktors und einer Analyse der aktuellen Situation auf dem Arbeitsmarkt wird in Punkt 3. eine mögliche Neukonzeptionierung der betrieblichen Personalpolitik vorgestellt. Den Schluss in Kapitel 4. bilden das Fazit und der Ausblick.

---

[1] „Vgl. Sutter, Ph. (online) (2007)"

1.1 Demographischer Wandel in der Arbeitswelt

Unternehmen können nicht für sich isoliert betrachtet werden. Sie unterliegen einer Vielzahl interner und externer Einflüsse, die ihr Handeln im Wesentlichen bestimmen. Aktuell wird dieses Handeln durch die sich verändernden Rahmenbedingungen wie die zunehmende Globalisierung, die weitere Rationalisierung durch Automation, aber auch durch sich immer weiterentwickelnde Informations- und Kommunikationstechnologien weitestgehend bestimmt. Momentan findet ein gravierender gesellschaftlicher Umbau von einer Industrie- zu einer Wissens- und Dienstleistungsgesellschaft statt. Hierbei ist das Wissen zu einem entscheidenden Faktor geworden. Damit kommt dem Menschen als Wissensträger eine immer wichtigere Rolle zu. Der richtige Einsatz der Ressource Mensch in einem Unternehmen entscheidet maßgeblich über dessen wirtschaftlichen Erfolg.

Doch insbesondere die demographischen Veränderungen zeigen schon heute erste Auswirkungen auf den Arbeitsmarkt. Diese Veränderungen sind erst der Anfang. Nicht nur, dass die Bevölkerung in Deutschland immer älter wird, sie nimmt dauerhaft ab und durch eine niedrige Geburtenrate wird sich der Anteil der Bevölkerung im Erwerbsalter (zwischen 20 und 65) in den kommenden Jahren weiter verringern. Dies führt neben einem großen gesellschaftlichen auch zu einem gewaltigen betriebswirtschaftlichen Problem.[2]

Die sich daraus ergebenden Folgen für die Unternehmen, aber auch für deren Mitarbeiter, sollen in den nachfolgenden Abschnitten genauer beleuchtet werden.

---

[2] „Vgl. Prezewowski, M. (2007), S. 17"

2. Fachkräftemangel als Folge des demographischen Faktors

Von einem Fachkräftemangel wird immer dann gesprochen, wenn der Bedarf an ausgebildeten Fachkräften dauerhaft über dem Angebot liegt. Aktuell besteht bereits in einigen Regionen und für einzelne Qualifikationen ein Fachkräftemangel. Die Jahrgänge, die durch junge Nachwuchskräfte geprägt sind, schrumpfen auf dem Ausbildungsmarkt. Derzeit ist schon zu merken, dass aufgrund des demographischen Faktors mehr Arbeitnehmer aus dem Erwerbsleben ausscheiden als junge Menschen nachrücken. Doch noch wird dies damit kompensiert, dass vermehrt Frauen ins Berufsleben zurückkehren und immer öfter auch ältere Mitarbeiter eingestellt werden.

Während die einen Unternehmen in der ganzen Welt nach Fachkräften von morgen suchen, arbeiten die anderen darauf hin, derzeit Fachkräfte in Deutschland zu finden. Einerseits gibt es die Problematik, dass die angebotenen Arbeitskräfte nicht über die benötigten Qualifikationen verfügen, andererseits leben die Menschen nicht dort, wo die entsprechenden Arbeitsplätze zur Verfügung stehen. Die größte Herausforderung der Beschäftigten wird somit in den kommenden Jahren vor allem darin liegen, die auf dem Arbeitsmarkt geforderten Qualifikationen zu erwerben.[3]

Diese Entwicklung können Unternehmen abfedern, indem sie Fachkräfte länger beschäftigen und gegebenenfalls weiterbilden. Dazu gehört sowohl eine strategische Personalplanung als auch das Prinzip des lebenslangen Lernens. Auf diese Weise können die Unternehmen auch die von ihnen angeworbenen Fachkräfte halten. Unter diesem Aspekt wird im Folgenden die ständig alternde Belegschaft im Arbeitsumfeld betrachtet.

---

[3] „Vgl. Frey, C. (2010)"

2.1 Ältere Arbeitnehmer auf dem Arbeitsmarkt

Immer mehr Menschen zwischen 65 und 74 Jahren sind erwerbstätig. Die Anteile bei Männern und Frauen sind unterschiedlich hoch. Es ist nicht belegt, ob die Beschäftigung zur Aufbesserung der Rente dient oder als Haupteinnahmequelle: Das Statistische Bundesamt meldet, dass 11 Prozent der 65- bis 74-Jährigen in Deutschland regelmäßig arbeiten.[4] Somit hat der zunehmend wachsende Anteil der Generation 50+ bereits heute einen steigenden Einfluss auf den Arbeitsmarkt. Eine Entwicklung, die nicht nur seitens der Unternehmen ein Umdenken erfordert, sondern auch in den Köpfen der Sozialstruktur verankert werden muss. Denn in der Altersgruppe 50+ hat sich inzwischen eine Art Zwei-Klassen-Gesellschaft etabliert:

Auf der einen Seite die Anzahl derjenigen, die noch voll im Berufsleben steht und sich kaum Sorgen um ihren Job machen muss. Auf der anderen Seite die Älteren, die aus dem Arbeitsleben ausgeschieden sind. Wie früher haben sie vergleichsweise schlechte Chancen, wieder hineinzukommen.[5] Vielmehr ist für viele Unternehmen offenbar das Alter an sich der Grund für die Absage. So gibt es in allen Bereichen immer noch Vorurteile älteren Menschen gegenüber, die sich bei näherer Betrachtung als haltlos erweisen.

Wird die Altersgruppe der jetzt 60-Jährigen nach ihrer eigenen Wahrnehmung bezüglich ihres Alters befragt, ist festzustellen, dass sich die Menschen dieser Gruppe heute im Durchschnitt 10 bis 15 Jahre jünger einschätzen als sie es tatsächlich sind.[6] Doch noch immer wird der Begriff des älteren Mitarbeiters in den Köpfen der Gesellschaft, aber auch in denen der Personalverantwortlichen, mit Eigenschaften wie langweilig, gebrechlich und häufig krank in Verbindung gebracht.[7]

Tatsächlich ist kaum jemand frei von Bildern im Kopf: hier der junge Hüpfer, dort das alte Eisen. Altersstereotype nennen Psychologen das Phänomen. Und die sind gefährlich, da sich Altersstereotype negativ auswirken können: auf das

---

[4] „Vgl. Arbeitsagentur online (2017)
[5] „Vgl. Diekmann, F. ((2017)"
[6] „Vgl. Senf, Y. (2008) S. 10"
[7] „Vgl. Senf, Y. (2008) S. 11"

Gedächtnis, auf die Leistungsfähigkeit, auf das Selbstbild und sogar auf die Jobchancen.[8]

Ein gängiger Altersstereotyp besagt, dass die Leistungsfähigkeit mit zunehmendem Alter geringer wird und damit auch die Produktivität der älteren Mitarbeiter sinkt. Wird die Produktivität im Hinblick auf den einzelnen Menschen betrachtet, ist zu beachten, dass die Leistungsfähigkeit durch die Anforderungen an die Person mitbestimmt wird: So ist für die Produktivität hinsichtlich mechanischer Aufgaben die körperliche Leistungsfähigkeit von Bedeutung, wohingegen bei intellektuell anspruchsvollen Aufgaben die geistige Leistungsfähigkeit wie Vorwissen und Bildung ausschlaggebend ist.[9] Die Gesamtproduktivität eines Arbeitnehmers ergibt sich aus der Summe seines Leistungsvermögens.

Die durchschnittliche Lernkapazität ist im Alter zwar geringer als in früheren Abschnitten des Arbeitslebens, doch zeigen auch ältere Menschen nachweisbar Lernerfolge. Insbesondere in der Erwachsenenbildung werden die Aspekte der Verarbeitungsgeschwindigkeit, der Umstellungsfähigkeit und Psychomotorik sowie das Arbeitsgedächtnis der Generation 50+ schon lange berücksichtigt.[10]

Doch auch die Innovationsfähigkeit älterer Mitarbeiter infolge gesellschaftlicher Vorurteile wird oft in Frage gestellt. Verschiedene Untersuchungen hierzu haben gezeigt, dass es keine Hinweise auf die mit zunehmendem Alter abnehmende Fähigkeit gibt, sich weiterhin kreativ an Innovationen zu beteiligen. Dabei sind weder die physischen Vorteile der Jüngeren generell mit einer höheren Innovationsfähigkeit gleichzusetzen, noch mit den sich verändernden Kompetenzen der Älteren hinsichtlich einer geringeren Innovationsfähigkeit. Im Durchschnitt sind Ideengeber und innovationsrelevante Belegschaftsgruppen sogar älter als der Durchschnitt der Mitarbeiter in einem Unternehmen.[11] Der Grund hierfür ist die große Komplexität: Fertigung und Vertrieb, Forschung und Entwicklung sowie Service und Kostenmanagement des Innovationsprozesses mit seinen dazugehörigen Integrationsanforderungen, denen Mitarbeiter erst mit

---

[8] „Vgl. Kirchner,C. (2015)
[9] „Vgl. Tesch-Römer, C. (2006) S. 15"
[10] „Vgl. Tesch-Römer, C. (2006) S. 20"
[11] „Vgl. Prezewowsky; M. (2007) S. 71"

höherem Alter gerecht werden können.[12] Nicht die alternde Belegschaft gefährdet die betriebliche Innovationsfähigkeit, sondern die fehlerhaften personal- und qualifikationspolitischen Strategien der Unternehmen.

Der Betrieb ist für die meisten erwerbstätigen Erwachsenen der wichtigste Lernort für die Berufsbildung, insbesondere aber für das arbeitsplatzbezogene, informelle „Lernen durch Arbeiten". So können gering qualifizierte Beschäftigte über arbeitsplatzbezogenes Lernen wieder zur Weiterbildung motiviert werden.[13] Wenn sich ältere Arbeitnehmer in ihrem bisherigen Leben permanent weitergebildet haben, dann werden sie dies auch in der Lebensphase 50+ wollen und erfolgreich tun.

2.2 Analyse der aktuellen Situation auf dem Arbeitsmarkt

Doch nach wie vor haben es ältere Menschen schwer sich wieder aktiv in den Arbeitsmarkt einzugliedern, wenn sie längere Zeit aus dem Erwerbsleben ausgeschieden waren. Dies liegt zum einen an den Menschen selbst, zum anderen werden sie aber durch das vorherrschende Denken in den Betrieben immer noch weniger respektiert und akzeptiert. Auch wenn sich viele Arbeitnehmer mit diesen Gegebenheiten arrangieren, so fühlen sie sich durch derartiges Verhalten oft nicht mehr gebraucht und „warten" nur noch auf die Rente.[14] Hier beginnt dann eine Abwärtsspirale aus Demotivation, Ermüdung und schließlich Bewerbungsfrust, was dazu führt, dass diese Arbeitnehmer oft als nahezu „unvermittelbar" auf dem Arbeitsmarkt gelten. Die negative Selbstwahrnehmung in Bezug auf die Arbeitsmarktchancen wird noch verstärkt durch die Tatsache, dass es auf dem Bewerbermarkt eine Vielzahl jüngerer Mitbewerber gibt, die bevorzugt eingestellt werden

---

[12] „Vgl. Prezewowsky; M. (2007) S. 71"
[13] „Vgl. Tesch-Römer, C. (2006) S. 21"
[14] Vgl. Bauer, F. [online](2011)

3. Neue Konzepte in der betrieblichen Personalpolitik

Noch vor 20 Jahren bedeuteten „*attraktive Arbeitsbedingungen*" ein hohes Gehalt, weitreichende Karrierechancen sowie mögliche Auslandsaufenthalte. Heutzutage reicht das nicht mehr, denn die nachfolgenden Generationen wünschen sich statt eines üppigen Salärs eher eine ausgewogene Work-Life-Balance.

In diesem Zusammenhang muss betrachtet werden, wie sich Arbeitnehmer möglichst lange an das Unternehmen binden, indem die Berufsphasen mit den einzelnen Lebensphasen in Einklang gebracht werden. Deshalb sollten sich Unternehmen nicht nur an den eigenen Erfordernissen orientieren, sondern die individuellen Bedürfnisse der Mitarbeiter berücksichtigen. Wie das gelingen kann, zeigen folgende Beispiele.

Die Bedeutung von Familie und anderen Beziehungen wie etwa Freundschaften hat stark zugenommen. In diesem Punkt hat eine beträchtliche Werteverschiebung stattgefunden, denn bis vor wenigen Jahren stand noch der berufliche Erfolg an erster Stelle. Das heutige Leitbild ist nicht mehr der Alleinverdiener mit Frau und Kindern zu Hause, sondern das berufstätige Elternpaar, das sich gleichberechtigt die Arbeit in der Familie und im Hause teilt.

So müssen Arbeitgeber flexible und individualisierte Arbeitszeitmodelle anbieten, die dem Arbeitnehmer die Wahrnehmung außerbetrieblicher Pflichten und Interessen ermöglicht, ohne dass er in Konflikt mit den Interessen des Unternehmens gerät.[15] Dazu gehören zum Bespiel zeitlich befristete Teilzeittätigkeiten oder die Möglichkeit der Arbeit im Homeoffice.

Auch die Flexibilisierung der Lebensarbeitszeit in Form von Wertkontenmodellen ist ein wegweisendes Instrument und ein erster Schritt, den Folgen des demographischen Wandels entgegenzusteuern und dabei ein positives Signal für eine neue personalpolitische Stabilität zu senden.

Bereits heute ist die Frauenerwerbsquote mit einem Wert von etwa 69 Prozent vergleichsweise hoch, wobei allerdings ein großer Teil der berufstätigen Frauen

---

[15] „Vgl. Upgreat, von Redaktion (2015)"

lediglich in Teilzeit beschäftigt ist. Zugleich erwerben mehr Frauen als Männer hohe Schul- und Bildungsabschlüsse. Hier liegen Kompetenzen brach, die dringend volkswirtschaftlich sinnvoll genutzt werden müssen. Dazu sind Instrumente einzusetzen, um langfristig den Bedürfnissen der Frauen gerecht zu werden. Eine zeitweilige Teilzeittätigkeit aufgrund von Kindererziehungszeiten darf für Frauen nicht mehr ins berufliche Aus führen – im Gegenteil: Die Erkenntnis, dass Brüche im Lebenslauf die Normalität darstellen und die Familie einen ebenso hohen Stellenwert inne hat wie die Berufstätigkeit, sollte für Personaler eine Selbstverständlichkeit sein.

Ein weiterer interessanter Aspekt ist die arbeitgeberfinanzierte Altersversorgung oder eine betriebliche Krankenversicherung. Beide Modelle vermitteln den Arbeitnehmern ein Gefühl von Fürsorge und Sicherheit. Die Unternehmen stärken mit der Umsetzung ihr Ansehen nicht nur nach innen, sondern auch nach außen und sichern sich Vorteile beim Kampf um qualifizierte Mitarbeiter.

Auch ein Sabbatical wird heutzutage zunehmend populärer. Der Wunsch nach einer Auszeit vom Job ist bei deutschen Arbeitnehmern weit verbreitet und gar nicht so schwer umzusetzen. Für eine befristete berufliche Pause kann es viele Gründe geben. Einige Arbeitnehmer wollen mehr Zeit mit der Familie verbringen, andere planen einen Auslandsaufenthalt oder möchten an einer Forschungsarbeit teilnehmen. Es bieten sich verschiedene Arbeitszeit- und Lohnmodelle an, die die Gestaltung eines Sabbaticals ermöglichen, so dass es für beide Seiten attraktiv ist.

3.1 Auswirkung

Die Effekte einer Neukonzeptionierung der betrieblichen Personalpolitik spiegeln sich in einer Erhöhung der Mitarbeitermotivation, in der Reduktion von Ausfallzeiten, der Verringerung der Fluktuation und der stärkeren Bindung der Mitarbeiter an das Unternehmen wider. Die Attraktivität des Unternehmens steigt durch hoch qualifizierte Fachkräfte und ein besseres Image steigert die Kundenbindung.

4. Fazit und Ausblick

Aufgrund tiefgreifender Wandlungen innerhalb von Gesellschaft und Arbeitswelt ist eine grundlegende Neukonzeptionierung der herkömmlichen Personalpolitik notwendig geworden. Damit Unternehmen und dadurch auch Volkswirtschaften in Zukunft auf einem globalisierten Markt wettbewerbsfähig bleiben, fördert die lebensphasenorientierte Personalpolitik die bessere Vereinbarkeit von Privatleben und Berufstätigkeit. Sie erhöht damit sowohl die Zufriedenheit und Motivation der Mitarbeiter als auch die Loyalität der Mitarbeiter gegenüber dem Unternehmen. Im Wettstreit um die besten Fachkräfte müssen Unternehmen künftig auf deren persönliche und individuelle Bedürfnisse hinsichtlich Arbeitszeit und Arbeitsbedingungen eingehen. Nur so können sie sich als attraktive Arbeitgeber darstellen und auch in Zukunft gute Mitarbeiter für unternehmerische Ziele gewinnen.[16]

---

[16] „Vgl. Upgreat, von Redaktion (2015)"

5. Literatur- und Quellenverzeichnis

Arbeitsagentur online (19.07.2017) *Mehr ältere Menschen arbeiten*
https://www.arbeitsagentur.de/erwerbstaetigkeit-aelterer-menschen
(abgerufen am 08.12.2018)

Bauer, F. (2011): *Generation 50plus und der Arbeitsmarkt – chancenlos oder unfähig?,* http://coaching-beratung-training.blogspot.de/2011/03/generation-50plus-und-der-arbeitsmarkt.html
(abgerufen am 28.12.2018)

Diekmann, F. (2017) *Die Rückkehr der Grauhaarigen*
http://www.spiegel.de/wirtschaft/soziales/arbeitslosigkeit-aelterer-mit-50-keine-chance-mehr-gilt-das-immer-noch-a-1129828.html, Spiegel online,
(abgerufen am 09.12.2018)

Frey, C. (2010): *Zeitbombe demographischer Wandel*
http://www.tagesspiegel.de/berlin/berliner-wirtschaft/fachkraeftemangel-zeitbombe-demografischer-wandel/1781704-all.html?print=true,
(abgerufen am 08.12.2018)

Kirchner, C., Völker, I. & Bock, O.L. (2015). *Priming with age stereotypes influences the performance of elderly workers.* Scientific Research Publishing, 6, 133-137.

Prezewowsky, M. (2007): *Demographischer Wandel und Personalmanagement Herausforderungen und Handlungsalternativen vor dem Hintergrund der Bevölkerungsentwicklung,* Wiesbaden, Deutscher Universitäts-Verlag.

Senf, Y. (2008): *Best Ager as Best Targets? – Betrachtung der Zielgruppe 50plus für das Marketing,* Hamburg, Diplomica® Verlag.

Sutter, Ph. (2007): Praxiswissen Innovationsmanagement : von der Idee zum Markterfolg, 2. Aufl., Verlag Hanser

Tesch-Römer, C. (2006), *Produktivität im Alter*, GGW 1/2006 (Januar), 6. Jg., http://www.wido.de/fileadmin/wido/downloads/pdf_ggw/wido_ggw_aufs2_01 06.pdf, *(abgerufen am 28.12.2018)*

Upgreat, *am 09. Februar 2015 von Redaktion*
http://www.upgreat.de/lebensphasenorientierte-personalpolitik-1675/
(abgerufen am 05.01.2019)

BEI GRIN MACHT SICH IHR WISSEN BEZAHLT

- Wir veröffentlichen Ihre Hausarbeit, Bachelor- und Masterarbeit

- Ihr eigenes eBook und Buch - weltweit in allen wichtigen Shops

- Verdienen Sie an jedem Verkauf

Jetzt bei www.GRIN.com hochladen und kostenlos publizieren